Gerhard Winkel

Zwischen den Welten

Gerhard Winkel

Zwischen den Welten

Die Begleitung einer Demenzerkrankten durch Gedichte, Bilder und Texte

Mit Zeichnungen von Esther Gerster

Verlag Urachhaus

Für meine liebe Frau

ISBN-10: 3-8251-7562-6
ISBN-13: 978-3-8251-7562-7

Erschienen 2006 im Verlag Urachhaus

Umschlagmotiv: Esther Gerster
Gesamtherstellung: AALEXX Druck GmbH, Großburgwedel

1 Vorbemerkung

Die hier zusammengefassten Gedichte sind im Verlauf von zwei Jahren entstanden und beziehen sich auf Wahrnehmungen und Erlebnisse, die ich habe machen dürfen, als meine Frau mehr und mehr in einer Altersdemenz unterging. Natürlich hatte ich darüber gelesen. Das Gelesene war jedoch kalt und abstrakt, aber Demenz ist für den erkrankten und für die pflegenden teilnehmenden Menschen eine völlig neue Erfahrungsebene. Für mich begann ein intensiver zweijähriger Lernprozess, der auch nach dem Tode meiner Frau nicht zu Ende war.
Ich habe das ganze Geschehen über zwei Jahre handelnd, erlebend, teilnehmend und beobachtend verfolgt und in Form von Gedichten festgehalten. Zu den meisten der folgenden fünf Abschnitte will ich ein paar Zeilen schreiben, die dann unmittelbar den Text einleiten.

Ich habe die meisten Gedichte nach einer eigenen Verslehre gestaltet, die hier nicht weiter begründet werden soll. Wo ich traditionelle Formen benutze, folge ich der traditionellen Rechtschreibung und Zeichensetzung.

Hannover, Sommer 2006

2 Vorarbeiten

Als ich für die Formulierung der Todesanzeige in alten Gedichten blätterte, fielen mir einige auf, die sich in ihrem Wahrnehmungshorizont unmittelbar mit den späteren berührten. Ich habe sie deswegen dieser Sammlung hinzugefügt. Sie sollen einfach nur davon Kenntnis geben, welche Weltsicht meine Frau und mich vor ihrer Krankheit bewegt hat. Ich selber war erstaunt, wie gut sie sich einfügen. Diese Gedichte hat meine Frau noch ohne jede Einschränkung zur Kenntnis genommen, was für alle anderen nicht gilt.

1 Weltenlied

ich bin
du bist
wir sind
unser weltenlied
in sechs worten
wir singen es freudig
morgens und abends
und fühlen ein echo
aus der tiefe der ewigkeit
ich bin
du bist
wir sind

2 Abends

Deine Hände ruhen auf der Decke,
Du liegst schlafend, ohne Traum.
Deines Atems dichte Hecke
umfriedet Paradiesesraum.

Dein Leben schuf sich Faltenbilder
tief in Spuren des Gesichts.
Schlafes Lächeln stimmt sie milder:
Sie verwandeln sich in nichts.

Ich erblicke durch die Falten
Deiner Jugend Angesicht.
Will es weiter mir erhalten!
Schlafe nur, ich weck Dich nicht.

(2002)

3 der wind wehte die zweige zur seite
dahinter verbargen sich
weißleuchtende wolken
ausrisse aus dem himmlischen wetterbuch
hingehalten zum schreiben
für wen
ich stehe unten
verlegen
und suche pinsel und farbe
ich fühle
nur geistfedern schreiben auf wolkenpapier
das wesen der dinge hat keine kontur
ich fühle den auftrag
hinter den zweigen das wesen zu suchen
es auf flüchtige wolken zu schreiben
ich fühle den auftrag und weiß
das bild auf den wolken ist ewig

(20.7.2002)

4 füll bitte den krug
mit wasser vom fluss
könnte sich wasser erinnern wie wir
wär dies der beginn seines alterns
das geschwisterwasser
wäre schon morgen
aufgegangen im meer
nur wasser im krug
ist erinnerung
wird zu gestern und morgen – geschichte
wir steh'n seit jahrzehnten
am ufer des zeitenflusses
er fließt
er altert nicht
ich gleiche dem wasser im krug
wer nur entnahm es dem fluss
und gab mir mein heute, gestern und morgen

(21.7.2002)

5 verlerne die zeit
verlerne den ort
die wege sind zugewachsen
jahrzehnte gewohnheit
ließen die wegmarken altern
sag endlich ja zur offenen wildnis

als vorahnung deines wegs
hast du einmal im leben
den mond im spiegel der wellen gesehen
einmal ein liliengesicht
einmal ein lächeln
einmal die sonne geschaut
das genügt zur markierung des wegs

verlerne willig die zeit
verlerne willig den ort
die neuen wege sind offen.

(18.7.2002)

6 du bist so verändert
siehst du vielleicht schon
in der dämmerung des schlafs
schattenspuren der ewigkeit
deine gedanken wechseln so mühelos
zwischen dem heute und jederzeit
zwischen dem hier
und dem nirgendwo
ich muss noch einmal dich sehen lernen
und deine schatten bekleiden
muss lesen lernen in angedeuteten texten
in nebelbildern
konturen erkennen
du bist so verändert
hinter dem schleier des schlafs
fühle ich dich auch ohne kontur
verstehe ich dich auch ohne gesprochene worte
als schattenspur vor der ewigkeit.

(17.7.2002)

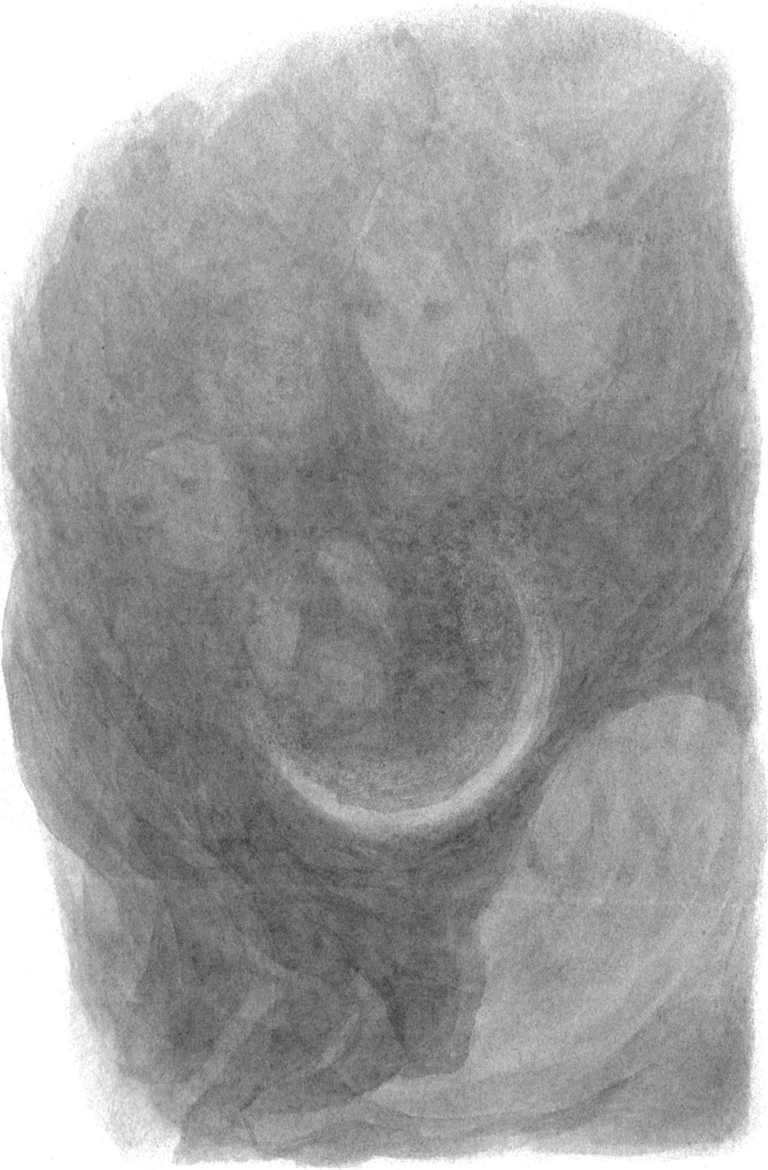

3 Die Suche nach Halt

Die Krankheit begann unauffällig mit einer zunehmenden Vergesslichkeit. Diese konnten wir leicht auffangen. Wir freuten uns an unserm Leben, den Kindern und Enkeln und unserm Garten. Eines Morgens im April 2003 erwachte meine Frau zwar zur gewohnten Zeit, war aber vollständig verwirrt und nicht mehr ansprechbar. Plötzlich gehorchten ihr Arme und Beine nicht mehr. Ich war ratlos, nach einer Stunde verzweifelt. Unser Hausarzt war nicht zu erreichen. Der ärztliche Notdienst verfügte eine sofortige Überführung ins Krankenhaus. Dies haben außer mir viele so oder ähnlich erlebt, und ich beschreibe es nur der Vollständigkeit halber. Die Lungenentzündung, die man diagnostizierte, war relativ schnell behoben, der geistige Zustand blieb verwirrt. Wie sollte ich damit fertig werden? Deshalb gab ich meine Frau zur »Abklärung« wie es so schön heißt, in die geriatrische Abteilung eines Krankenhauses.

Hier riet man mir nach einigen Untersuchungen zu einer Heimunterbringung und erwirkte auch bei der Krankenkasse die dafür notwendige Erlaubnis und Pflegestufe. Mich verfolgten Schuldgefühle bis in die Nächte. War bei einer Unterbringung im Pflegeheim nicht mein eigener Wunsch, das Problem abzugeben, die treibende Kraft? Ich wollte das alles mit meiner Frau besprechen – sie war aber damit bereits überfordert. Sie willigte ein, im vollen Vertrauen darauf, dass ich schon die richtige Entscheidung treffen werde.

Nun begann meine Reise von Heim zu Heim. Ich besuchte Dutzende, aber die meisten waren voll belegt und konnten mir keine Hoffnung machen – oder es war mir deutlich, dass die Pfleglinge nur »aufbewahrt« würden. Eher durch Zufall gelangte ich an ein Heim, dass in einem vorzüglichen Rufe stand, diesem auch in seiner Darstellung durchaus entsprach. Ja, sie hätten durch Zufall gerade einen Platz frei. Das Gespräch ergab, dass es aus sozialen Gründen in diesem Heim nur Doppelzimmer gab. Das fördere die Kontakte. Das leuchtete mir sogar ein. Auch meine Kinder förderten den Entschluss, nachdem sie alles besichtigt hatten. Meine Frau war schließlich ein »sozialer Typ«. Ein eigener Sessel und ganz wenig geliebter Nippes waren die einzige persönliche Ausrüstung, die wir einbringen durften.
Das Essen kam in einem Container-Wagen für jeden Patienten auf einem Teller abgepackt. Kein Tischtuch, keine Tischdecke, keine Gemeinsamkeit lockerte die »Abfütterung« auf. Ich saß dabei, nahm hin und wieder auch einen Bissen – aber diese Art der »Abfütterung« war schrecklich – bis auf einen Farbigen fand auch keine der Pflegekräfte ein persönliches Wort an die Kranken. Diese Art der »Versorgung« setzte sich bis zur Nachtruhe fort. Ich fühlte mich hilflos. Trug ich nicht die Verantwortung für das Befinden meiner Frau? Und dieser lieblose Zustand sollte unter Umständen Jahre dauern? Täglich war ich von 15 bis 18, oft bis 20 Uhr abends da. Täglich gingen wir spazieren oder sangen am Klavier Volkslieder. Während dieser Zeit war meine Frau glücklich. Aber die Nacht

und der Morgen müssen wie eine dunkle Höhle vor ihr gelegen haben.

Nach einer Woche ließen mich meine Schuldgefühle nicht mehr los. Meine Liebe reichte nicht, sie auch in der Nacht zu ernähren. Sie, die sich nicht mehr verbal wehren konnte, sagte mir ihre Meinung, indem sie nachts durch das ganze Haus irrte, Schränke ausräumte, mit der Nachtwache stritt, aus dem Fenster flüchten wollte. Jeden Morgen hörte ich nur Unglücksmeldungen. Nun sollten Psychopharmaka Beruhigung bringen. Aber was war das eigentlich für eine menschenunwürdige Entscheidung?
Welche Verzweifelung mochte die Seele meiner Frau durchfluten, die sie nicht in Worte fassen konnte? Und ich durfte nicht weglaufen und wusste doch wie die Pflegeleitung und der Hausarzt keinen Rat. In meiner Verzweiflung tat ich das, was ich immer in Zeiten starker emotionaler Belastung tue: Ich fasste den Tag in Worte, entweder in seinem Verlauf oder in Form einer neuen Einsicht in des Wesen der Demenzkrankheit. So entstanden aus meiner Notlage die 19 Gedichte des zweiten Blockes. Ich glaube, dass jeder, der einen lieben Menschen aus der Hand geben muss, in ihnen Einsichten oder Bilder findet, die auch ihn betreffen.

1 du fehlst hier
das Haus ist so leer
du wohnst auf einem anderen stern
du schaust in vergangene ewigkeiten
die mir noch verborgen sind
aus deinem lächeln spricht glück
aber ein anderes glück
als das dieser welt
ich will versuchen
mit dir zu schauen
und will die mauer des schmerzes durchbrechen
zu dir

(18.5.2003)

2 du siehst mich an wie ein glückliches kind
deine augen strahlen
ich denke plötzlich an Löwenzahnsonnen
im gefängnis der pflasterfugen
du leuchtest von innen
wie sie
seidenglänzend
dies licht möchte ich streicheln
vielleicht irgendwann seine Herkunft erahnen
in deiner offenen welt

(19.5.2003.)

3 manchmal denke ich
siehst du im irgendwo
hinter dem mond
fröhliche engel
deine eigenen kinder
sollten werden wie sie
aber sie gingen eigene wege
das ist erdenschicksal
aber du
bewahrtest ihr wesen im herzen
du hattest es ja vor ihrer geburt geschaut
du fandest es wieder
hinter dem mond
in den gesichtern der spielenden engel

(20.5.2003)

4 wie ein falter
bist du aus deiner puppenhülle geschlüpft
die nacht des raupendaseins
ist von dir gewichen
jeder flügelschlag deiner befreiten seele
lobpreist das licht
alle abgründe läßt du unter dir
und schmiegst dich in jeden aufwind
der dich himmelwärts trägt
ich kann dir nicht folgen
noch nicht
aber meine raupenseele ahnt
das wunder des fliegens
im wunder des lichtes

(21.5.2003)

5 wir sangen heute wanderlieder
du wusstest sicher alle strophen
ich spielte dazu meine flöte
es war für uns beide ein fest
du wiegtest dich fröhlich im takte
deine augen strahlten
wie am anfang unserer liebe
aber die landschaft
jenseits der texte war leer
wer bist du in diesem geklüft
ich lerne
wegmarken in deiner sprache zu lesen
ich lerne
das schauen in eine welt ohne nähe
so ist es
dies lächeln hast du bisher verborgen
jetzt ist es mein neuer horizont
der wunderbare geheimnisse verbirgt

(22.5.2003)

6 die hymnen an deine nacht
nimmst du an dein herz
und machst sie leuchten
dein engel ist voller mut und kraft
er steht nicht wie der cherub vor dem paradies
er winkt – und lässt dich ein
dort ist der ort
wo meine klagen licht empfangen
du und dein engel
machen sie leuchten
du und dein engel
seid eine einzige kraft
die mich heilsam berührt
das ist ein wunder
das mich sprachlos macht

(24.5.2003)

7 Irgendwo brennt auch
am Grunde des großen Meeres ein Licht;
ich sehe es nicht,
doch dein für diese Welt verschlossenes Sein
sieht diesen Schein
und schützt mit vorgehaltener Hand
den heiligen Brand.
Es widerstrahlt das kleine Licht
auf deinem Angesicht;
du tauchst in eine Aura ein
als Seelen-Sein
und wirst als Licht der Seelenwelt
auch uns zum Leuchten aufgestellt.
Irgendwo brennt auch
am Grunde des großen Meeres ein Licht;
ich sehe es noch nicht
durch dich, dein reines Seelen-Sein,
wärmt mich der Schein.

(25.5.2003)

8 erinnerung fesselt die seele
begriffe verstellen die sicht
du sahst diese rose heute wie ich
nein, nein, viel genauer
deine losgebundene seele
streifte wie ein schmetterlingsflügel das bild
wie flüchtigen duft
hattest du es in dich genommen
keine erinnerung daran fesselt die seele
einer anderwelt bist du verpflichtet
und die sterne sind für dich himmelsfenster
wo wir andere welten vermuten

(28.5.2003)

9 luftwege sind nicht gepflastert
und führen ins irgendwo
keine verkehrsampeln zerhacken die fahrt
rechts darfst du fahren und links
zugleich vorwärts und rückwärts
oder oben und unten
luftwege sind wege der geister
die sich jetzt um dich scharen
und dir ihr land zeigen
dein blick leuchtet unter ihrer berührung
deine horizonte sind erweitert
ins irgendwo, das nur du wahrnimmst
und mir dem pflastertreter beschreibst
ich stehe andächtig und staune

(30.5.2003)

10 wenn ich komme lachst du
klatschst in die hände
und freust dich so unverstellt
wie ein kind
warst du schon immer so
und war deine seele vielleicht nur verhüllt
unter dem panzer des alltags
du bist so neu für mich
ich frage mich oft
bist du jetzt eine kostbare blüte
die sich öffnet
eine rose vielleicht
oder bist du jetzt frucht
die wir essen sollen
bist du flüchtiger duft
oder geschmack auf der Zunge
noch weiß ich es nicht
aber ich werde es wissen

(2.6.2003)

11 ich komme spät abends
du weinst und fühlst dich verlassen
für eine lange nacht,
in der deine gespenster umgehen
die du eigentlich zähmen wolltest
ich habe heute verstanden
was du abends vermisst
deine hände kamen abends stets zu mir
gekrabbelt
wie zwei zutrauliche käfer
die ich in meinen händen barg
manchmal falteten die hände sich ineinander
wir sprachen das vaterunser
und schliefen hinein
in einen göttlichen frieden

(5.6.2003)

12 du warst es nicht
ein anderer sprach aus dir
und hatte mich zum feind
erschrocken war ich bis zum seelengrund
und sprachlos
du warst empört und wusstest nicht warum
die türen zu dir waren fest verschlossen
der andere bewachte jedes schloss
wie kann ich dich
aus diesem zauberberg befreien
wir standen uns zum ersten male
sprachlos gegenüber
und ich erkannte plötzlich
dich lieb zu haben
ist noch lange nicht genug

(7.6.2003)

13 nur wenn du leuchtest
wird deine höhle hell
nur wenn du selber licht wirst
entsteht ein ankerplatz im nichts
hier ist die freiheit das gesetz
im schwebenden ist alles aufgehängt
gewöhne dich daran
licht bist du
und gleichzeitig schiff
dir gilt es gleich
ob du auf wasser
durch die luft auf straßen fährst
nur wenn du selber licht wirst
wird das höhlendunkel hell
ich muss erst noch fürs tageslicht erblinden
damit ich sehen lerne

(13.6.–20.6.2003)

14 engel sind schattenlos
haben keine kontur
sie leben zeitlos
im wesen der dinge
du wirfst noch schatten
irdische schatten ...
manchmal
nur für augenblicke
leuchtest du selbst wie die sonne
dein schatten vergeht
im seelenlichte
das du ausstrahlst
und plötzlich blickt alle schöpfung auf dich

(19.6.2003)

15 ich liebe dich
wie nie zuvor
und frage dich und mich
wer oder was wir sind im zeitenfluss
im lebensmeer
wir fühlen manchmal uns als schiff
dann wieder sind wir tropfenklein
doch unser fühlen ist wie atem
der die welt umspannt
es treibt uns fort
wir wissen nicht wohin
wenn wir dem atem willig folgen
sind wir im zeitenfluss geborgen
im lebensmeer zuhaus
ich will
ich liebe dich
wie nie zuvor

(16.6.2003)

16 so ewig wie aus marmor schien mir dein gesicht
warst du versunken
auf den grund der heiligen handlung
dein ernstes fühlen trug das tun
des priesters vorne am altar
dein ernstes fühlen war die kraft
die ringsumher den raum erfüllte
dein wille war so eins mit dir
und während deine hände in sich ruhten
war dein gesicht verklärt
im widerscheine überirdischer schönheit
du sahst etwas mit deinem inneren auge
das ich zu sehen noch erüben muss

(10.6.–16.6.2003)

17 du wirbelst manchmal alles durcheinander
die pfleger mich den arzt
und auch die mitpatienten
dein losgebundener wille sucht sich tätigkeiten
ich bin verzweifelt
weil mein herz dich nicht behüten kann
doch wenn wir dann
einträchtig hundert schritte nur gegangen sind
bezähmt ein irgendwer den nackten willen
bekleidet ihn so glaube ich mit engelfedern
du lächelst wieder wie ein kind
drückst meine hand als zeichen deiner liebe
und machst mich glücklich.
nichts kann ich für dich tun
als täglich still zu halten

(18.6.2003)

18 wüst war der acker dieser nacht
nicht einmal wilde kräuter blühten
nur harte steine klaubtest du in deinen beutel
fast warst du blind von diesem Tun
und hattest sogar mühe
mich zu erkennen
und ich
war hilflos
ich wollte dir behilflich sein das korn zu
sammeln
und wollte dich auf einen besseren acker führen
vergeblich wars
du folgtest nicht
und ließest hilflos mich zurück

(19.6.2003)

19 traumwelten steigen immer wieder in uns auf
dir waren sie verstellt
du knietest mutlos vor den barrikaden
nicht einmal tränen netzten dein gesicht
ich sagte dir auf »unserer bank«
die frohe nachricht
von der wir alle meinten
sie käme nie
ein eigenes zimmer steht für dich bereit
und du verlässt das tal deiner tränen
wir konnten beide nicht vor freude sprechen
die neue lebenssonne
glitzerte durch deine tränen
und funkelte in tausend regenbögen
und jeder stand uns hoffnungsvoll
vor einer neuen welt

(28.6.2003)

4 Im Schwebenden ist alles aufgehängt – glückliche Zeit

Es gibt ganz in der Nähe unseres Wohnhauses ein sehr junges Heim mit 36 Demenz- und 36 Pflegeplätzen. Sein Ruf ist vorzüglich, die Warteliste entsprechend lang, so dass ich keine Hoffnung hatte, dort einen Platz zu bekommen. Auf Grund meiner Erfahrungen in der Umwelterziehung stand ich aber mit den leitenden Kräften im Gespräch, hatte auch Kontakt gehalten. Dennoch überraschte mich ein Anruf vollständig: Man könne meiner Frau einen Pflegeplatz anbieten. Diese Freude! Ich maß das Zimmer sofort aus – Wohnfläche 18 m^2, dazu Bad und Flur –, zeichnete, maß Möbel. In der Nacht arbeitete ich noch einen Schreibschrank auf, den meine Frau sehr liebte, und dann fuhr ich mit ihr am Nachmittag auf unsere geheime Bank im Örier Holz und heulte wie ein Schlosshund, als ich ihr von dieser glücklichen Wende berichtete. Wir lagen uns vor Freude buchstäblich in den Armen. Am anderen Morgen regelte ich die Kündigung und den neuen Vertrag. Die Möbel hatten wir noch am Vortag herübergeschafft. Wir traten in das neue Zimmer, sie sah ihre geliebten Möbel, sah sich einmal um, reckte sich und sagte : »Hier bleibe ich«. Das blieb so. Das Pflegekonzept des Heimes, das sich vor allem den gemeinsamen Mahlzeiten widmet, führte dazu, dass zwischen jeweils sechs Bewohnern intensive soziale Beziehungen hergestellt wurden.

Ich selber war täglich außer montags dreieinhalb bis vier Stunden bei meiner Frau. Wir sangen gemeinsam – auch mit den Tischgenossen – an der Orgel, ich hielt Lichtbildvorträge, wir waren im Museum, in Ausstellungen, vor allem aber machten wir schöne Wanderungen. Einmal in der Woche aßen wir gemeinsam zu Mittag. Alle zwei Wochen gingen wir zum Gottesdienst mit Abendmahl. Wir führten fast ein »normales« Leben miteinander. Dennoch saß sie oft in der Eingangshalle und wartete schon am Vormittag auf mich oder suchte mich auf den Fluren. Alle 14 Tage lud ich sie mit ihrer Freundin Käthe zu mir zum Kaffeetrinken ein. Ich möchte behaupten, dass sie in diesen fast zwei Jahren glücklich war. Sie sagte mir immer wieder nicht nur, wie sehr sie mich liebe, sondern auch, welch schönes Leben wir miteinander gehabt hätten. Bezeichnenderweise habe ich meine Wahrnehmungen in dieser Zeit nicht in Gedichte verwandelt, sondern musste das jetzt in Block 4 nachträglich tun, den ich nach einer alten Gedichtzeile von mir genannt habe: »Im Schwebenden ist alles aufgehängt«.

Neben diesen gemeinsamen Tätigkeiten war die zärtliche Berührung für sie Lebenselexier. Ob wir untergehakt gingen oder uns anfassten oder umarmten oder küssten, sie sog die Berührung förmlich ein, als wenn sie das ernähre. Ich habe in den zwei Jahren Begleitung gelernt: Nur der intellektuelle Teil ist durch die Demenz geschädigt; der »Gefühlsmensch« tritt gleichsam ungeschützt und ungefiltert hervor. Und welche beglückende weltoffene Zuwendung trat dabei bei meiner Frau hervor. Das habe ich nicht hineininterpretiert, das haben alle bemerkt, mit denen ich darüber gesprochen habe.

Von der ersten Minute an begann im neuen Heim eine glückliche Zeit. Kernpunkt waren die in einer Tischgemeinschaft eingenommenen Mahlzeiten und meine Besuche von 14.45 Uhr bis 18.45 Uhr. Wenn ich kam, war gerade Kaffeezeit. Nachdem man anfangs meine regelmäßige Anwesenheit als störend definiert hatte, wussten auch die Pfleger sie bald zu schätzen und zu nutzen, denn fast regelmäßig brachte ich einen Blumenstrauß mit und sprach darüber mit den Kranken. Einige Pfleger zeigten mir bald dadurch ihre Sympathie, dass sie mir eine Tasse Kaffee anboten. Nach dem Kaffee verließen meine Frau und ich die Runde, oft zu einer Wanderung, oft zu Freunden, oft zu einem Museumsbesuch. Wenn ich sie untergehakt hatte, gingen wir wie eine Person, wenn mir auch ihre kleinen Schritte Mühe machten. Oft nahmen wir Käthe H., ihre Freundin, mit, oft auch mehrere aus der Tischgenossenschaft, wenn ich Geschichten vorlas oder zum Singen an die Orgel im Andachtsraum ging. Ich las Grimms Märchen, Erich Kästner, Friedel Lenz oder Manfred Kyber.
Da meiner Frau die Orts- und Zeiterinnerung abhanden gekommen war, suchte sie mich oft schon vormittags im ganzen Hause oder wartete auf mich in der großen Halle. Als die Suchende und Wartende war sie als Person bald im ganzen Haus bekannt.

Dreiundzwanzig Monate verlebten wir so in einer neuen Gemeinsamkeit. Ich glaube sogar, dass es für meine Frau die sorgenfreieste, glücklichste Zeit ihres Lebens war. Da sie sofort vergaß, was sie gesagt hatte, versicherte sie mir immer wieder ihre Liebe und tat das oft in der Abkürzung »piep, piep, piep«. Das ging wohl auf die Aufzucht von zwei Kaspar-Hauser-Graugänsen zurück, die uns ein Jahr unseres Lebens in Atem gehalten hatte. Wenn ich Lichtbilder zeigte, erinnerte sie oft bis ins kleinste die Situationen. Da wir auch regelmäßig unsere Freunde und die Familie besuchten und alle versuchten, sie niemals ihre Demenz fühlen zu lassen, war sie dabei ausgelassen, oft überraschend witzig, wirklich glücklich.

Aber ihr Leben war gleichsam Leben von meinem Leben, es war gleichsam in meine Fürsorge und Zurückhaltung »eingewickelt«.
Aber diese Fürsorge empfand ich nicht als Pflicht oder Last. Sie war mir selbst-verständlich. Gern würde ich sie weiter ausüben.
Heute weiß ich, dass die Pflege dennoch eine Art Arbeit war.
In diesen beiden Jahren kam mir meine Frau näher als je zuvor. Ich liebte sie in ihrer Zuwendung zu mir täglich mehr und bin heute glücklich, dass uns das Schicksal noch diese Zeit der »reinen Liebe« und Zuneigung geschenkt hat.

Während dieser glücklichen 23 Monate habe ich nur wenige Gedichte geschrieben, sondern erst nach ihrem Tode versucht, diese Zeit zu rekonstruieren.

1 du sahst das zimmer
deine eigenen möbel
den lilienstrauß auf deinem tisch
und wusstest nicht
wen du zuerst umarmen solltest
es war
als wenn ein vorhang aufgezogen würde
und deine anderwelt
ein lustspiel spielen wollte
wir waren stumm und still
beglückt von deiner freude
die deinen tag
hinfort begleiten soll

(30.6.2003)

2 ich suchte dir
im besten glauben eine neue wohnstatt
sie blieb dir fremd
wie auch die menschen dort
ja dich erfasste todessehnsucht
aus der wir alle die dich liebten
keinen ausweg wussten
dann kam die sonnennachricht
unerwartet wie ein licht
das leben aus schlafenden samen weckt
du sahst deinen neuen lebensraum
und sagtest ja
ein lautes ja
wir die dich kennen
waren plötzlich mitverwandelt
und angstbefreit
voll neuer lebenshoffnung

(15.7.2003)

3 es klingelt
ich wusste gleich dass du es seist
zum ersten ausflug in die alte welt
du warst beglückt
und freutest dich am garten
und sogst das alte auf
für deine neue welt
man sah dir's an
du fühltest doppelt dich geborgen
in diesem augenblick
wie hatten wir gebangt
vor diesem tag
du warst es nun
die uns beschenkte
du trenntest dankend dich von mir
gesegnet sei die stunde dieses glücks

(15.7.2003)

4 ich war im sessel eingeschlafen
und wachte plötzlich auf
du saßest mir leibhaftig gegenüber
ich wollte gerade sprechen
da verwischte ein einziger wimperschlag das bild
ich saß allein
und fror für einen augenblick
und griff ins nichts
und holte meinen mut zurück
stand auf
und ging dann tapfer in die nacht

(16.7.2003)

5 dein abschiedsschmerz trug frucht
in einem ritual
wenn du gegessen hattest
und in dein zimmer kamst
wie warst du dann erfreut
wenn du mich sahst
du wünschtest herzlich dir dann zärtlichkeit
wie am beginne unserer liebe
aus deinem ich und meinem wurde eins
dennoch kam schmerzhaft
irgendwann der abschied näher
wir beteten gemeinsam laut das vaterunser
das war ein wunsch von dir
aus längst vergangenen tagen
dann stand ich auf umarmte dich
du warst dabei für mich die ganze welt
ich führte dich vor deine tür
der aufzug brachte uns in eine leere halle
du hättest gerne weiter mich begleitet
im fahrstuhl drückte ich auf »zweiter stock«
du bliebst im licht
ich ging hinaus in eine leere dämmerung
aus der mich erst der nächste tag erlöste

(1.6.2004)

6 Was ist das glück
ich weiß jetzt mehr davon
nichts gar nichts ist daran von dauer
als dieser kurze augenblick
beim händedruck
beim streichen übers haar
beim sitzen hand in hand
den augenblick begleitet leere
in die du einströmst
und die dein unverletztes seelen-ich
zur wohnung nimmt
und deine lippen geben dem gestalt
was uns gemeinsam ist
ein glücksgefühl für eine kurze ewigkeit

(2.6.2004)

7 dein gesicht bewohnt tiefer schlaf
ich setze mich in seine bergende ruhe
wo bist du jetzt
und wer gibt dir dort zeichen
du atmest einmal tief
schlägst deine augen auf
ja wer gab dir im schlaf ein zeichen
noch bist du eingehüllt in deine anderwelt
doch wagst du jetzt die reise
und sagst
bist du es
streckst deine arme mir entgegen
umarmst mich
halb in traumgedanken
ich berühre dich sanft
und zieh dich herüber
in die wirklichkeit
der menschen-zärtlichkeit

(4.6.2005)

8 schon dreimal wandertest du um deine welt
und suchtest mich
wie fremden sternen
warst du menschen begegnet
und fragtest
nur nach mir
kam ich dann endlich ins haus
erfuhr ich schnell wo du suchtest
du hattest das rinnen der zeit nicht beachtet
warst wie eine sanduhr
mit allem sand dieser erde
nun war ich da
unsere gemeinsame sanduhr stand still
weil wir beide
die hände
unter den rieselnden sandstrom hielten
der nun stunde um stunde
zeitlos verrann

(5.6.2004)

9 du kamst nach haus
und setztest dich auf deinen alten platz
und blicktest lachend in die runde
als wenn du einen sieg errungen hättest
ich hatte dir erinnerungen
aus längst vergangenen tagen zubereitet
gemeinsam gingen wir zum abendessen dann
zufrieden und gelöst
in deine neue heimat
das wurde uns zur liebgewordenen gewohnheit
doch immer mehr versank die welt
im nebel der vergangenheit
du wurdest gast auf deinem alten platz
doch bliebst du fröhlich wie ein kind
ich war nicht traurig
denn dieses neugeborene ich
war herzlicher zu mir als je zuvor

(8.9.2004)

10 du lebst zwei jahre schon in einsteins welt
wo raum und zeit zusammenfallen
und du der welt begegnetest als traum
ich ging mit dir durch diese welt
in der wir gegenseitig uns nur fühlten
ich nahm dich in den arm
wir küssten uns wie nie zuvor
das menschsein blieb, die liebe auch
und du und ich
wir leben unversehrt
und liliengleich
in einsteins neuer welt

(16.5.2004)

11 ich weiß
die welt gewinnt kontur für dich
wenn ich dich durch die landschaft führe
für augenblicke bist du
was du warst
die taubenfeder hebst du auf
den bläuling in der wiese hast du lieb
und nimmst sein flattern an dein herz
und freust dich an dem silberblinken
dem grün und schwarz der eichenschatten
du hoffst vom augenblick dass er verweilt
und dennoch kannst du ihn nicht halten
ich führe dich
und halte dich
für augenblicke bist du wieder
was du warst

(20.7.2003)

12 die lilien wandern durch das jahr
zum leuchtenden johannis-gipfel
sie lockt der sommer-blütentanz
ihr steiler weg führt sie an deinem haus vorbei
und fast an jedem tag
ist eine andere bei dir zu gast
und tanzt bei dir
zeigt ihre kleidermode vor
als scarlet-star mariengruß
als türkenbund als feuerkleid
du streichelst sie mit deinen augen
und findest ihre mode engelgleich
doch wer bei dir erst rastet bleibt
und winkt einladend den geschwistern
sie stimmen alle in den reigen ein
dein kleiner stubentisch
ist plötzlich der johannis-gipfel

(10.6.2004)

13 das herz der rose ein wirbel
saugt er mich an
in das innere des wesens
oder wirft er mich aus
in die sphären des himmels
du hast beides inzwischen erlebt
und erkannt
beides ist eins
ich kann es nur wissen
die rose lebt es
lass uns gemeinsam
eintauchen in die blüte der rose
damit die wahrheit der schöpfung
auch das herz meines herzens berührt
wie der wirbel das innen der rose

(19.6.2004)

14 du warst erinnerung
reine erinnerung
an alle lieder die wir je gesungen
mit sanfter rüge wiesest du auf einen fehler hin
der mir im text der neunten strophe unterlief
das gotteslob am schlusse eines liedes
verklärte stets aufs neue dein gesicht
mir war dann so
als ob du vor dem sündenfall
an gottes schöpfungstaten teilgenommen hättest
als das geschick der welt noch offen war
und ich noch still
in einem klumpen lehm
des ewigen geistes schöpferhand
erwartete

(21.6.2004)

15 die gänse hatten ihre brut verstoßen
wir sprangen ein zu zweit
und prägten sie auf unsere stimmen
du bliebst im hintergrund
nachts aber hörten sie auf dich
»wi wi pip pip wi wi pip pip«
sie wurden groß und blieben uns verbunden
für mehr als ein jahrzehnt
und flogen her wenn wir sie riefen
du wurdest krank
wie ein symbol stieg's in dir auf
wie du geborgenheit gespendet hattest
nun wurdest du zum gänsekind und sagtest
»pip« und wieder »pip«
und kuscheltest dich tief in meine hand
»ich hab dich lieb so lieb pip pip«
aus längst verflossener erfahrung
entstand ein wundersames heute
ich nahm es dankbar an
und dich wie einst die gänseküken
in meine hand

(10.5.2004)

16 vor mir ein teller aus holz
du hast ihn vor fast sechs jahrzehnten
mit zwanzig schmetterlingen bemalt
als ich das zwanzigste lebensjahr verließ
es war genau an meinem geburtstag
und das war er wirklich
du liebtest mich
und wagtest nicht aus dir herauszugehen
du mochtest nicht glauben
dass gerade du erfüllung meiner sehnsucht warst
du hattest alle liebeskräfte aufgespart
für den auf den du hoffend wartetest
vor mir dein teller
den du vor fast sechs jahrzehnten
mit zwanzig schmetterlingen bemaltest
hat sich deine hoffnung erfüllt
jetzt wo du nur noch gegenwart
und ferne erinnerung bist
sprichst du immer wieder zu mir
ganz leicht wie ein flügelnder schmetterling
und doch noch immer bedeutungsschwer
ich hab dich so lieb
du sagst es stündlich
und fühlst es immer
wie auch ich

(1.7.2004)

17 wir gingen oft in deine kirche
sie öffnete für dich
schon die unendlichkeit
du folgtest heilig-ernst der handlung
als wenn es deine letzte wäre
oft schlossest du die augen
als zeichen deiner wachheit
für die andere welt
und wenn der priester
dann brot und wein
aus beiden welten überbrachte
und dir den friedensgruß entbot
dann stand dein Engel hinter dir
und lächelte mir zu
ich sah
du fühltest dich geheiligt
für den tag
in dessen krause gegenwart
ich dich begleitet hatte
und du mir liebevoll
die hälfte deines glücks nun schenktest

(2.7.2004)

18 ich will dich nicht verführen wie pan
mit meiner flöte
ich will dich trösten
einhüllen umfangen mit klang
klang ist die welt
das wachstum der pflanzen
die gesetze der kunst
der kreislauf der sonne
und meine flöte
erinnert daran
ich spiele für dich nur für dich
und reihe mich ein
in den großen choral
den die buchen und eichen
bläulinge und zitronenfalter
kräuter und steine unentwegt singen
für augenblicke
wird unsere welt
unter dem dienenden flötenspiel
makellos schön
so schön
wie während der schöpfung gedacht

(3.7.2005)

19 die welt wird erneuert in jedem kind
dich nennt man in dieser welt krank
das ist nicht wahr
deine krankheit hat dich neu geboren
und du wächst in dir selbst
noch einmal still heran
was du ins auge fasst ist neu für dich
und was du hörst hörst du zum ersten mal
doch deinen liederschatz hast du behalten
freiwillig teilst du davon aus
doch er entstammt der ältesten vergangenheit
und ich entdecke neu
du bist jetzt zwei
dein altes ich und sein geschwister
und beide beide hab ich lieb

(5.7.2005)

5 Der Weg in den Tod

Anfang 2005 überstand meine Frau glücklich eine Lungenentzündung, so dass wir für den 19. Februar die Teilnahme am 80. Geburtstag eines Freundes zusagten. Er hatte sich als Geschenk zwei Händel-Sonaten gewünscht. Meine Frau hörte dem Spiel zu, als wenn es eine heilige Handlung wäre. Am 20. Februar fieberte sie wieder und musste erneut ins Krankenhaus, wo eine neue Lungenentzündung bald überwunden schien. Aber schon eine Woche später trat wieder hohes Fieber auf, das auch die Krankenhausärzte nicht senken konnten.
Man fand einfach den Infektionsherd nicht. Anfang April verlor sie das Bewusstsein. Aber sie reagierte auf die Texte des Johannesevangeliums und auch auf mein Flötenspiel. Man entließ sie als nicht mehr therapierbar in ihr Heim, wo rund um die Uhr ein Familienmitglied oder ein Familienfreund bei ihr waren.
Sie wählte dann aber doch einen Todesaugenblick, wo sie für kurze Zeit allein war.

1 wo bist du jetzt?
gefiederte sind um dich
als engel, vögel, schmetterlinge
du bist noch puppe
wartest auf deine verwandlung
bildest gerade die flügel
für deine neue welt
als engel vogel schmetterling

(4.–7.4.2005)

2 du liegst so still in deinem bett
und schenkst mir die ehrfurcht vor dem tod
auf den du wartest
du bist schon so fern
und dennoch ist dein atem noch nah
wie ich ihn tausendfach gespürt
wenn wir uns liebten
wenn wir wanderten
und blumen suchten
jetzt wärmst du ihn nur mühsam noch
ich schweige …
wenn du bald jenseits aller sterne wanderst
bin ich bei dir
… und bring dir deinen wanderstock
wenn du ihn brauchst.

(4.–7.4.2005)

3 ich schwebe
mein gefühl spürt keinen grund
wo find ich ihn
im sonnenwind jenseits des mondes
rauschen die flügel der engel
dein engelkleid
wird gerade zugeschnitten und genäht
wie wirst du jubeln über dieses festgewand
ich weiß
du hast in deinen träumen es schon früh gesehn
als ich noch fest
in meinen käferpanzer
eingeschlossen war

(4.–7.4.2005)

4 wie kann ich dir helfen
beim aufstieg ins geist-reich
dein wanderstock hat schon flügel bekommen
deine hand ruht schon
auf glänzenden schwingen
sie tragen dich sicher
ins nachtdunkle himmelsblau
dort wanderst du schwerelos
erhalten bleibt dort dein herz
und deine liebende seele
und ich bin sicher
es warten schon weggefährten auf dich
die dich liebten wie wir
und nun im geistreich freudig begrüßen

(4.–7.4.2005)

5 zum letzten mal
sieht dich heute die welt
aber du bist nicht einsam
noch heute triffst du
mutter und Vater
und alle geschwister
ihr feiert das wiedersehn
in der geistleuchtenden anderwelt
ich bleibe traurig zurück
du gingst in vielem voraus
und wirst mich im schlafe begleiten
führe mich
ich folge dir
ins traumland der neuen geburten

(15.4.2005)

6 das blumenmeer war groß
in das wir dich versenken mussten
du sankest tief
und dennoch nicht zum grund
denn unsere liebe hielt dich in der schwebe
und dort im schwebenden ist alles aufgehängt
die bunte erdenwelt
der mond
die sterne auch
und alle fernen sternennebel
die gerade sich zu neuem sein verdichten
und denen du
nun ähnlich bist

(10.5.2005)

7 ich fühlte dich
als atmetest du noch
der weihrauch überwölbte deinen sarg
und stieg als wolke in die frühlingsluft
verwirbelte im sonnenschein
stand eine weile zögernd vor dem blau
verging dann langsam langsam
bis nichts mehr ihn vom alltag unterschied
ich sog dich ein mit jedem atemzug
und alle die vor dir gegangen waren
sie waren plötzlich unsichtbar am ort
und auch gefährten meiner welt

(5.5.2005)

8 Du hast nun abgelegt dein Jetzt und Hier,
gingst mutig durch des Lebens letzte Tür;
was uns fortan durch meinen Atem trennt
ist so wie Weihrauch, der vor dieser Tür
verbrennt.

Er ist ein Schleier vor der Geistertür;
ich darf in Ehrfurcht ihn zur Seite halten
und sehe auf das zeitenlose Jetzt und Hier,
darf einen Blick ins Jenseits tun,
und fühle, dass dort Wesen walten,
die tief im Schoße Gottes ruh'n.

Dein Engelsein verstärkt mein Hoffen,
die Tür eröffnet eine neue Wirklichkeit;
sie ändert alles, was mich je betroffen.
Du sprichst zu mir: Nutz deine Zeit.

(15.–18.5.2005)

6 Der Weg in die Ewigkeit. Im Gespräch mit den Toten

Spiegelbildlich waren die Erlebnisse nach dem Tode denen am Beginn der Krankheit dadurch ähnlich, dass sie fundamental waren und neue Dimensionen erschlossen.
Ich begegnete meiner Frau buchstäblich, am Anfang in der Nähe des Grabes, später im größeren Umfeld, nach einem Monat etwa in den unendlichen Räumen des Kosmos. Eine »Anderwelt« tat sich auf, die ich vorher wohl für möglich gehalten, in dieser Intensität aber noch nicht erlebt hatte. Die Demenzkrankheit ist dafür eine Vorbereitung, indem sich die feste Verschränkung von Leib und Seele lockert.
Dies habe ich nicht gelesen, sondern erlebt, und so schildert dieser Gedichtband insgesamt die Wanderung eines solchen Seelenleibes von der irdischen in die »Anderwelt«.
Ich bin fast gewiss, dass sich meine Erlebnisse und Erfahrungen mit denen anderer Menschen berühren. Das gibt mir auch den Mut, diese Gedichte aus der Hand zu geben.

Ich war nach der Beerdigung zunächst absolut sprachlos, erst eine Textanleihe bei Hugo von Hofmannsthal ermöglichte mir wieder den Weg ins Sprechen, die Beschreibung von Gefühlen.

1 kann es denn sein,
dass unsere schönen tage
für immer fort sind und vergangen
ich glaub es nicht
aus jedem wald
aus jeder wiese
trittst du hervor
in jedem wind
in jedem sonnenstrahl
kann ich dich spüren
du streichelst mein gesicht
wie an dem tag vor deinem tod
da siegeltest du unsern lebensweg
und sprachest mühsam
behüt dich gott

(30.4.2005)

2 am anfang war die leere wirklich leer
ich nahm sie an
und horchte still
und hörte dich ganz zart
ein hymnus an den tag
umschwebte mich
entfaltete in blütenklängen
sein gespinnst
besiedelte die große leere
ich danke dir
für dies geschenk

(1.5.2005)

3 ich saß ganz still auf einer bank
und sah auf felder, wiesen, berge
die wolken lösten sich im himmelsblau
und ich gedachte der vergangenen tage
ein gespinst aus vogelliedern
wurde mir ein tönend kleid
ich saß ganz still auf meiner bank
und sah auf felder wiesen berge
durchs blau des himmels schoss ein falke
und plötzlich warst du gegenwärtig
ein schmetterling mit augen auf den flügeln
erprobte den blühenden löwenzahn
und ließ sich zögerlich
auf einer blütensonne nieder
und tauchte seinen rüssel in das gold
du warst ganz unerwartet auferstanden
und warst in jeder wolke, jedem vogellied
und in den feldern wiesen bergen
der falke war weit fort
jetzt saßen wir zu zweit auf meiner bank

(2.5.2005)

4 oft war der friedhof unser wanderort
du hattest dich in meinen arm geschmiegt
und meine hand schloss sich um deine faust
dein gruß erklang
ich hab dich ja so lieb
dein reinstes glück
verband sich mit dem wort
die krankheit hatte deine seele bloßgelegt
ich streichelte dich zart
und fand mich plötzlich tief geborgen
in deinem glück

(6.5.2005)

5 du liebste
ich singe keine hymnen an die nacht
du bist mein licht der welt
jetzt wo du fort bist
ist es dennoch hell in mir
wer warst du
nein wer bist du
dass dein leuchten
selbst todesdunkel überstrahlt
ich singe meine hymnen an den tag
so lang du bei mir bleibst
als licht der welt

(6.5.2005)

6 zur ruhe kam dein herz
nun lebst du neu ganz ohne erdenschwere
dein engel lächelt still
begleitet dich
in seinen himmelsgarten
zeigt auf ein sternenbeet
aus blauer himmelserde
in dem himmelsleiter und herzgespann
himmelsherold und fingerhut
küchenschellen und glockenblumen
leicht und ohne erdenschwere wachsen
dein engel nickt dir freundlich zu
mitten im regenbogen
des himmlischen regens
stehst du im innern der farbe
und lächelst wie früher
und dankst deinem engel
für diese neue erfahrung
aus dem anfang deiner ewigkeit

(6.5.2005)

7 woher nur nehme ich die kraft
dein fortsein zu ertragen
als ich gestern
an deinem grabe stand
sang über mir ein kleiner zaunkönig
er bebte vor hingabe
an seinen gesang
zog mich hinein in sein gotteslob
mir kamen die tränen
und ich kann nicht sagen
waren es tränen der trauer
oder tränen des glücks
dass wir beide
diesem vogel
an diesem orte
vor wochen noch gemeinsam gelauscht

(8.5.2005)

8 wir müssen alle barhaupt vors gericht
du klagst dich an
dein engel aber spricht dich frei
du sagst du hättest nicht genug geliebt
ich glaube fest
in deinem schrein der liebeswerke
den du vertrauensvoll an deine brust jetzt drückst
ist überfluss an liebestaten
ist überfluss an sonnenglanz bewahrt
du fragst ob du nicht mehr
an liebe hättest spenden können
auch du musst barhaupt vors gericht
ich weiß
dein engel spricht dich frei

(10.5.2005)

9 ich war zum ersten mal allein im gottesdienst
du saßest nicht mehr neben mir
ich war allein wirklich allein
und wusste nicht wohin mit meiner hand
zeitlebens gingst du mir voran
auf dem von dir gewählten christusweg
warst du vielleicht anwesend hier im gottesdienst
ich ahnte mehr als dass ich's fühlte
du suchtest meine hand
und fandest sie
und feiertest jetzt still mit mir
und wissend
das heilige zwei-welten-brot
den heiligen zwei-welten-wein
wie tröstlich dass du mir noch nahe bist
denn meine liebe sucht dich überall
dich fühlt mein herz
es kann sich nicht verirren
wenn du mir nahe bleibst

(15.5.2005, Pfingstsonntag)

10 ich legte den strauß auf dein grab
über den ort wo dein herz schlug
und fühlte plötzlich
du hattest lange vorher gewusst
dass ich kam
du legtest mir still deine hand auf die schulter
ich wollte dich ansehn
und sah durch das tor
deiner erloschenen augen
in die unendlichkeit
in dir lebte immer die güte des lebens
mir stieg die frage auf
gibt es vielleicht auch die güte des todes
ich ahnte dein ja
als gewissheit
für diesen augenblick

(23.–24.5.2005)

11 ich verstehe jetzt mehr von der welt
dein wesen lebt
in einem fernen weltennebel
du hast dir glaube ich
den nebel im orion ausgewählt
du liebtest dieses sternbild so sehr
als du noch eingewoben warst
in deinen erdenatem
ich habe durch dich erfahren
geschaut
dass viele totenseelen
andere welten als unsere erschaffen möchten
in denen einst
eine auferstandene
weltenmenschheit wohnen kann

(25.5.2005)

12 ich wäre heute gern
wie früher
hand in hand mit dir gegangen
durch diesen frühlingsfrischen wald
den du so liebtest
da waren wir geschöpf
jetzt bist du schöpfungshelfer
zu einer neuen welt
wo aus fernen weltennebeln
gerade sonnen und planeten
zusammenstürzen
wähle dir einen
und nimm ihn liebevoll an dein herz
vereint tanzt ihr das lied
von einer neuen erde
von einer besseren erde
die sich um dich gerade verdichtet
unsere verheißene zukunft
entsteht vielleicht gerade
aus kreißenden sphären
und du bist ihr wächter

(25.5.2005)

13 plötzlich durchfährt mich ein schreck
ich sehe dich neben mir
doch du versinkst
wie eine krankheit
befällt mich einsamkeit
dann sagt eine stimme
ist es die deine
es ist ja gut so
du musst vertrauen
ich will es
und aus dem nebel
der eben noch alles verhüllte
steigt plötzlich leuchtend
unser frühlingsgarten empor
den du so liebtest

(26.5.2005)

14 groß ist das ziel
sind wir menschen nicht mehr
als löwenzahn quecke und rose
nicht mehr als ein haarloser affe
und nichts als wegmarken
im gewaltigen strom
einer blinden evolution
mitten im strom schwimmen die zweifel
lebten denn alle propheten umsonst
nur wer sich selbst in den strom wirft
lernt schwimmen
hat zukunft
darf hoffen auf evolution
einer geläuterten menschheit
mitten im strome
wird seine schatztruhe geöffnet
die prüfung ist streng
mensch soll der mensch werden
noch vor dem ende der zeit
ich halte inne an deinem grabe
du kanntest den plan
frei war dein entschluss dein zeitliches ich
dem größern als opfer zu bringen
groß ist das ziel

(6.7.2005)

15 Merkwürdig, mein Gefühl sagt mir
du hast den Erdenraum verlassen,
bist in die Sphären eingezogen,
wohin ich dir, als Lebender, nicht folgen kann.
Merkwürdig, mein Gefühl sagt mir,
Du bist jetzt einsam und allein,
hast nur dich selbst
und die Erinnerung an Deinen Erdenweg.
Merkwürdig, mein Gefühl sagt mir
vor Dir steht alles, was Du je getan.
Ich bin getrost:
Du blickst auf einen Sonnenschatz.
Merkwürdig, mein Gefühl sagt mir,
dass du ein bisschen traurig bist
weil ich dahin, wo du jetzt bist,
nicht folgen kann.

Und dennoch: mein Gefühl sagt mir
dass mich mein Engel jetzt
im Schlaf mit Flügeln rüstet
und ich dich schemenhaft
im Nebel des Orion
erahnen kann.

(12.6.2005)

16 du hast mich neu geboren
als mensch der lieben kann
verwandlung wurde dir
durch deinen tod geschenkt
du nahmst sie wahr
und kamst zu mir
um mich in die verwandlung mitzunehmen
ich aber war noch erdenschwer
du legtest für mich einen keim
in jene quelle
die der ewigkeit entspringt
draus wuchs mein neues ich
ich nahm es an
als meinen neuen leib
du hast mich geistgezeugt
ich bin seitdem ein mensch
der lieben kann

(13.6.2005)

17 das roggenfeld schwimmt noch im düngerfett
blau angelaufen sind alle halme
und die ähren
gleichen katzenschwänzen
vor dem sprunge auf die maus
daneben
ein rübenfeld ohne beikraut
ein weizenfeld ohne wildkraut
ein haferfeld ohne unkraut
und nur das kartoffelfeld
blüht bescheiden in weiß
das ist heute meine begleitung
alls ist logisch geordnet
ich suche auch hier die
die ich immer noch liebe
kurz vorher
auf dem schmalen waldpfad
ist sie noch um mich gewesen
hier gibt es nur treckerspuren im feld
der uralte engel des ortes
ist von den menschen
erfolgreich gefesselt

(27.6 2005)

18 des geistes wirklichkeit wirkt wirklich
in mir in dir in uns
und jedes blatt
und alles sogenannte tote
ist erdenstoff
und dennoch geist
wirklicher wirksamer geist
seit ich gezeugt bin weiß ich es
und noch gewisser
seit mir meine liebste starb
du tod bist groß
doch nie die letzte nachricht von der welt
die wirklichkeit kann man nicht sehen
man muss sie schauen
erwartet man reales
und möchte sie messen
stirbt sie ab
in mir in dir in uns
prüf dies in jedem buchenblatt
in jedem salzkristall

(23.6.2005)

19 ich möchte einmal nur
mutter erde
dein angesicht schauen
und wüsste so gern
ob du ernst bist
oder lächelst
von den toten kommt zu mir die stimme
die ich so liebte im leben
sieh in den funkelnden tau
in die wolkengestalten
in die zweige im wind
sieh auf den wiesen die gräser und blumen
sieh auf die blütenpolster im fels
was du auch anschaust ist antlitz der erde
ihr angesicht liegt offen vor dir
ich danke dir stimme und weiß
du bist jetzt ein engel
engel hören mit augen und ohren
und sehen von allem den klang
du bist schon verwandelt
und ich soll es noch werden

(7.6.2005)

20 der winter hat heute
ein mildes gesicht
christrosenlicht schneerosenleuchten
strahlt aus den blüten am grabe
gleich vor dem grabstein
wo dein haupt ruht
haben sich gestern die blüten geöffnet
überall an den gräbern
hatten trauernde
das gleiche empfinden wie ich
und hatten im goldfarbenen herbst
schneerosen gepflanzt
jetzt sind sie der stern über dem stall
wo heute der heiland geboren ist
der mir meine sünden vergeben wird
die in mir immer wieder
urtümlich und unerwartet
aus dem unbewussten sich melden
ehre sei gott in der höhe
und frieden auf erden den menschen
die eines guten willens sind

(Dezember 2005)

21 als du noch lebtest
rieselte dir und mir
sand aus den offenen händen
durch die sanduhr unserer tage
dein sand hat sich
inzwischen verwandelt
und rieselt als lichtfunken
ins dämmerdunkel der erde
du hast das feuer der auferstehung
in deinem herzen entzündet
das bringt auch meine seele zum brennen
und verwandelt alle schuldgefühle zu asche
die immer wieder
plötzlich und unerwartet
aus der tiefe wie blasen aufsteigen
und wenn sie sichtbar werden zerplatzen
mich bedrückt keine schuld
zwischen den toten
als meine liebe zu dir

(16.–18.3.2006)

22 im blütenschnee
begann dein winter
ich stehe am grabe
verloren in deine unendlichkeit
und suche das licht
das du warst
ich sehe es
jeder baum der jetzt blüht
strahlt es aus
sogar wärme fühle ich
die von ihm und dir ausgeht
sommer-sonnen- wärme
sommer-sonnen-licht
umschmeicheln mich
auf dem rasen
unter den bäumen
blühn wie ein spiegel
des nächtlichen himmels
myriaden gänseblümchen
jedes ein abbild der sonne
die ich in deinem schicksal
verehre

(16.–18.3.2006)